TWEE JAARGETIJDEN MINDER

D1079960

'Twee jaargetijden minder' werd door Uitgeverij G. A. van Oorschot, Amsterdam, geproduceerd voor de Stichting Collectieve Propaganda van het Nederlandse Boek ter gelegenheid van de Boekenweek 1992.

A. Alberts
Twee jaargetijden minder

Amsterdam 1992
Collectieve Propaganda van het Nederlandse Boek

I

Het kan Amsterdam zijn geweest of Haarlem; in elk geval in de buurt van het Noordzeekanaal met zijn IJmuider sluizen. *En daar dan met lust het zeegat uit*, zoals ze vroeger zongen.

Mijn moeder had een ander liedje, dat ze aan haar oudste zoontje leerde, wanneer ze met het kind door de straten van Amsterdam liep – of door de lanen van Haarlem: *Alle schepen kunnen varen, alleen de grote Rembrandt niet*.

Die grote Rembrandt was een omstreeks de eeuwwisseling voor rekening van de Stoomvaart Maatschappij Nederland gebouwd schip, dienende tot vervoer van passagiers en vracht van Nederland naar Indië. Vooral passagiers, want het aantal Nederlanders, dat in Indië broodwinnende toekomst zocht en vond, nam in die tijd vrij sterk toe. Dat betekende meer hutten, meer dekruimte, kortom meer bovenschip op een romp, die niet al te breed mocht zijn, want anders kon de boot niet door de toen nog smalle sluizen van IJmuiden. Het gevolg voor de Rembrandt was, dat ze licht schommelde of zwaaide tijdens de reis. Vandaar het liedje. Sommigen zeiden: ze is dronken.

Bij ons in de familie bestond belangstelling voor dit soort zaken, want mijn vader – naar het voorbeeld van zijn vader – had zijn leven lang op Indië gevaren. Wij, zolang we thuisbleven, maakten de reis telkens opnieuw mee door in de krant de Scheepstijdingen te volgen en naderhand, toen mijn vader gezagvoerder was geworden, de telegrammen te ontvangen van de rederij, de S(toomvaart) M(aatschappij) N(ederland) met bericht van Ouesant, Kaap Finisterre, Aden, Perim en andere vaste punten en bunkerstations langs de route.

En de namen van de schepen. In het begin waren die verdoopt naar leden van de koninklijke familie: de Prinses Marie, de Prins Hendrik en nog heel wat anderen. Toen dat reservoir wat droog begon te lopen, kregen we de Gouden Eeuwers: de zojuist genoemde Rembrandt, de Vondel, de Grotius en zo voort. Wat niet veranderde, was het einddoel: Indië. Voor ons, de achterblijvers, een woord, dat een begrip werd, al hadden we het land nooit anders gezien dan op plaatjes.

Bood deze kennis voordeel? Een beetje wel, ja. We kregen hierdoor meer Indische kennis dan een gemiddelde Nederlandse familie. We konden op school de namen van de rivieren op Java de goede klemtoon geven: Tji Líwung, Tji Tárum, Tji Mánuk. Bij het opdreunen van de Kleine Sunda Eilanden zeiden we na Bali en Lombok Sumbáwa en niet Súmbawa. Ja, Indië was voor ons een vertrouwd landschap. We wisten weliswaar nog niet, dat we er bijna allemaal terecht zouden komen, maar het heeft ons niet verbaasd, toen het gebeurde.

De oudste zoon ging daarginds bij de rechterlijke macht, omdat hij, nogal haastig zijnde, in Nederland te lang op zijn aanstelling moest wachten. Nummer twee werd afgekeurd voor de koopvaardij en kwam terecht in de thee- en kinacultuur. Mijn zuster ging daarna haar familie bezoeken en zag haar terugreis uitgesteld door de oorlog in Europa en vervolgens door die in Azië. Ikzelf wilde na mijn middelbare school gaan studeren. Thuis was door de crisis het geld op en de enige, door het rijk verstrekte beurs was die voor de Indologische studie met als verplicht vooruitzicht een bestuursambtenaarschap in Nederlands-Indië. Het schrikte mij niet af en zo zat bijna het hele gezin daarginds.

Ik vertel deze bijzonderheden om te laten zien, dat het mijn naaste familieleden en mij nauwelijks iets kostte de stap te doen. Anderen zullen daarmee mogelijk wat meer moeite hebben gehad, maar dat heeft hen niet verhinderd tussen de jaren 1870 en 1940 toe te nemen in tal, niet in last, tenminste niet voor zichzelf.

Hoe dat kwam, is de vraag, die in de loop van dit verhaal wordt beantwoord. Eerst zal ik iets van het land vertellen. Van Indië. Van Insulinde. Van het eilandenrijk, dat zich, zoals Multatuli treffend juist heeft opgemerkt, om de evenaar slingert als een gordel van smaragd. Van het woord smaragd had hij overigens wel het meervoud mogen gebruiken.

Meer dan dertienduizend eilanden en bijna allemaal groen. Tienduizend onbewoond. Vroeger was dat niet aantrekkelijk, maar tegenwoordig? Wie weet?

Een bezwaar is de moeilijke bereikbaarheid van al die smaragden. Het aantal inloophavens op de bewoonde Indonesische eilanden was door natuurlijke oorzaken vroeger al zeer beperkt. Op Java bijvoorbeeld niet meer dan drie, geschikt voor wat men oceaanverkeer noemde. Op de andere grote en minder grote eilanden was – en is waarschijnlijk nog steeds – de situatie navenant.

Hoe moest de reiziger binnen Insulinde aan zijn trekken komen?

In de eerste plaats waren er weinig reizigers. De Europeanen kregen bij aankomst door het gouvernement of door de maatschappij, waarvoor ze uitkwamen, een standplaats toegewezen en daar bleven ze, tot ze werden overgeplaatst. Maakte die overplaatsing verandering van eiland noodzakelijk, dan kregen ze voor rekening van hun werkgever vervoer op een van de schepen van de KPM (Koninklijke Paketvaart Maatschappij), die in de archipel op dit soort reizen een monopolie bezat – en dit ook in haar tarieven tot uitdrukking bracht. Haar schepen gingen bij aankomst op de rede liggen en de overgeplaatsten werden met bootjes aan de wal gebracht.

Elk eiland was bovendien per prauw te bereiken.

Eigenlijk een heerlijk vervoermiddel. Als zeezeiler was deze platboomde, vaak met een enkel vierkant zeil getuigde boot niet te overtreffen. Met de wind mee kon men er de hele archipel mee bereiken en zelfs havens in landen ver daarbuiten.

Het gebied van Nederlands-Indië – en dat zal ook nog wel met Indonesië het geval zijn – werd klimatologisch beheerst door de natte en de droge moesson. De wind waait tijdens de natte moesson uit westelijke en tijdens de droge uit oostelijke richtingen. Niet overmatig hard, maar wel zeer vast. De meeste schippers-handelaren hielden daar rekening mee door hun lange tochten per prauw in het goede seizoen te maken: dat wil zeggen in de regentijd van west naar oost en in de droge moesson omgekeerd. Maar, zoals gezegd, voor passagiersvervoer werd de prauw niet gebruikt, zeker niet door Europeanen, wanneer die al moesten reizen.

Twee jaargetijden dus. Twee minder dan bij ons.

De beide moessons worden tussen nat en droog gescheiden door iets afschuwelijks: de kentering. Benauwd, dof, ellendig, een lucht vol water, dat maar niet naar beneden wil. Iedereen haalt opgelucht adem, als eenmaal de regens komen.

De regentijd verplaatst zich langzaam maar zeker van west naar oost, dat wil zeggen beneden de evenaar, die dwars door Sumatra, Borneo en het Noorden van Celebes loopt. Wat er boven die denkbeeldige lijn gebeurt, ik zou het niet weten.

Als bijvoorbeeld in West-Java het natte seizoen in de tweede helft van september begint, dan gaat het een maand of anderhalf later in Oost-Java regenen. Zware buien. Ze duren niet lang, hoogstens twee uur. Maar ongelooflijk veel water. Ik heb eens een onmogelijk schraal bergbeekje onder mijn ogen zien aankomen als een waterdam van meer dan tien meter hoog en vele meters breed. Iedereen in de omtrek wist, wat er aan de hand was vanwege het voorafgaande gebulder. En dat kwam goed uit, want de stenen brug over het ravijntje, een half jaar tevoren opgeleverd door Verkeer en Waterstaat, werd door die bandjir vergruizeld. Een uurtje later was het water in zee verdwenen.

Tijdens de natte moesson verschuiven de buien van de late avond naar de vroege ochtend en dan houdt het op met die regens van een uur of iets meer. Dan breekt de droge tijd aan. Dan regent het niet. In geen maanden niet. Dan wordt het droog, droger, allerdroogst. Dan lijkt het wel of de bast van de bomen verschrompelt. Behalve in Buitenzorg, tegenwoordig Bogor en vroeger de residentie van de Gouverneur-Generaal. Daar regent het zowel in de ene zomer als in de andere.

Er is hierboven gesproken over Europeanen, alsof die benaming in verband met Nederlands-Indië de gewoonste zaak van de wereld is. Dat is en was het ook, maar vergeten wordt vaak, dat de onderscheiding is voortgekomen uit een weloverwogen opzet.

Toen Nederland na de beëindiging van de Napoleontische oorlogen een koninkrijk was geworden, kreeg het, krachtens gesloten verdragen, van haar Britse bondgenoot de meeste van haar koloniën en bezittingen – zoals men ze toen wel noemde – terug. De Kaapkolonie en Ceylon waren notabele uitzonderingen.

Waarom had ons koninkrijk recht op deze restitutie? Omdat zij hadden behoord tot de failliete boedel van de Oostindische Compagnieën en omdat die boedels waren overgenomen door de Bataafse Republiek, rechtsvoorgangster van ons koninkrijk. Zo was dat. En nu beperken we ons uiteraard tot de Oostindische boedel. Die moest worden opgeknapt? Welzeker. Onder leiding van het eminente hoofd der regering, koning Willem I. Zo stond het in de grondwet van 1815: 'De Koning heeft bij uitsluiting het opperbestuur over de volksplantingen en bezittingen van het Rijk in andere werelddelen.'

Van die koloniën en bezittingen was Oost-Indië, en van Oost-Indië Java het voornaamste onderdeel. Waarom Java? Omdat dit eiland bij reputatie het vruchtbaarste eiland ter wereld heette. En als men zo'n gebied, zo'n bezitting winst wil laten maken, dan kan dat niet anders dan door agrarische exploitatie. De Javaanse boer moest het opbrengen en liefst op een voor de hand liggende manier: belasting betalen.

Men begon met een van de Engelsen overgenomen systeem – eigenlijk van een Nederlander in Britse dienst, H.W. Muntinghe. Dat systeem ging uit van de fictie, dat de Javaanse boer zijn grond huurde van het gouvernement en dus een pachtsom moest betalen, de 'landrent'.

De Nederlanders begonnen met achter de term een 'e' te plakken en het systeem onder de naam landrente over te nemen. Men heeft – in Nederland – deze wijze van exploiteren een tijdlang aangezien en vervolgens bevonden, dat Java meer ging kosten dan opleveren. En toen het eenmaal zover was, kwam een merkwaardig man bij de koning, de opperbestuurder bij uitsluiting van alle anderen. Die man was generaal Van den Bosch en hij had een plan.

Johan Melchior Kemper, die in 1813 Willem I tot Soeverein Vorst had uitgeroepen, heeft van de generaal een korte beschrijving gegeven. Ze is de moeite van het herlezen waard. De overbrenger is Kempers oudste zoon, de latere historicus Jhr. de Bosch Kemper:

'Schrijver dezes herinnert zich nog, hoe hij als knaap van 10 jaren een der bezoeken heeft bijgewoond, die de generaal Van den Bosch aan zijnen vader bracht, met wien in 1813, "bij gelijke liefde tot nationale onafhankelijkheid", vriendschapsbetrekkingen waren aangeknoopt. "Er behoeft geen armoede meer te zijn, de bedelarij kan worden voorkomen" zijn denkbeelden, die reeds bij jeugdige harten belangstelling wekken, en hoe ik luisterde, hoe later het gesprek kwam op Java, op de natuurwonderen, die de Oost opleverde, waarbij de generaal zooveel ongelooflijks verhaalde, dat ik na zijn vertrek tot mijn vader de vraag richtte, of dat alles wel waar zou zijn; waarop deze, voor zooveel ik mij herinner, antwoordde: "De man, dien gij daar hebt hooren spreken, heeft een edel karakter, heeft veel kennis, maar bij den lust om gezellig te praten, vergroot hij de dingen wel eens, en al zullen zijne pogingen om de armoede te doen ophouden, niet verwezenlijkt worden, zijne plannen bevatten toch veel goeds en kunnen iets nuttigs te weeg brengen."'

Of om het wat korter te zeggen: een ethisch mens, die, zonder het zelf te merken, nogal eens uit zijn nek leuterde. En die man was de uitvinder en de in gebruiksteller van het befaamde en beruchte Cultuurstelsel.

Alvorens verder te gaan een kleine uitweiding. In de roman *Martin Chuzzlewit* van Charles Dickens wordt een ouderwetse pleegzuster ten tonele gevoerd. Ze heet Mrs Gamp. Ze behandelt haar patiënten hondser dan honds. En bijna alles wat ze zegt, is gelogen. Maar een enkele keer spreekt ze de waarheid. Om daar de aandacht op te vestigen, zegt ze na afloop van die waarheid: 'I will not deceive you.' Nu ik kom te spreken over het Cultuurstelsel en zijn voor- en tegenstanders, zal ik van tijd tot tijd haar voorbeeld volgen.

Het Cultuurstelsel was gebaseerd op het verlangen van het opperbestuur in Nederland van Indië en in het bijzonder van Java een winstgevende onderneming te maken. Om dat doel te bereiken, moest de Javaanse boer op zijn vruchtbaar eiland produkten telen, die een gewild artikel zouden zijn op de Europese markt – dus niet alleen maar rijst naar eigen behoefte. Die produkten moesten met inachtneming van bepaalde regels worden verbouwd en geleverd en de voornaamste van die regels waren: de boer moest één vijfde van zijn grond beschikbaar stellen en daarnaast ook één vijfde van zijn arbeidskracht.
Hij kreeg een redelijke vergoeding voor het geleverde. Niet de marktwaarde natuurlijk; het verschil tussen die waarde en zijn arbeidsbeloning werd geacht gelijk te zijn aan de door hem verschuldigde landrente over het door hem bewerkte vijfde deel.
In streken, die minder geschikt waren voor de verbouw van de gewenste produkten, werd het stelsel niet ingevoerd. Daar bleef de landrente bestaan. Moeilijke produkten waren vooral indigo en koffie; de koffie werd naderhand – agrarisch gesproken – een succes.

Dit was in grote trekken het Cultuurstelsel. Het maakte op deskundige belangstellenden, die rond de wieg hadden gestaan, één algemene indruk: een jonger broertje van het oude Compagniessysteem. Ook in die vroegere tijden had de boer zijn produkten moeten leveren. Het waren toen merendeels anderssoortige gewassen, maar de dwang was hetzelfde geweest. Of toch met enig verschil: ten tijde van de VOC werd de dwang uitgeoefend ten behoeve van de aandeelhouders, terwijl de 19de-eeuwse Nederlandse regering hetzelfde deed, maar in dit geval om de staatsschuld weg te werken.

Er was nog een onderdeel van het Cultuurstelsel dat in zijn toepassing aan de VOC deed denken: de zeer gewenste, volgens sommigen onontbeerlijke medewerking van de Javaanse hoofden, de nakomelingen van de oorspronkelijke heersers. Om het nog sterker te zeggen: elk ingrijpen van bovenaf in het leven van de boer – leveringsplichten, fiscale plichten – had de Compagnie altijd zoveel mogelijk overgelaten aan het voor de Javanen bestaande natuurlijk gezag, zijn elkander krachtens erfrecht opvolgende hoofden. Die verhouding kreeg in Europese ogen, vooral in die tijden, vaak de gedaante van slaafsheid tegenover despotisme. Maar dan hebben die ogen hen bedrogen en hun verstand heeft dat al te vaak niet gemerkt. In waarheid ging het om het betuigen van eerbied door de één en het ontvangen van die betuiging door de ander. Dat gebeurde, al naar de aard der bevolking, met nuances. In Oost-Java bijvoorbeeld, met een sterk door Madurezen geïnfiltreerde bevolking, gedroeg men zich iets vrijer tegenover zijn hoofden, zijn vorsten, dan in Midden-Java, de Vorstenlanden. Maar de eerbied, de achting, de hormat, werd overal beoefend. Tot in onze, in elk geval tot in mijn dagen toe. Als ik daarginds – vóór 1942 – huisbezoek kreeg, of het nu Indonesische of Europese ambtenaren en particulieren waren, de huisjongen ging rond met het blad thee, koffie, limonade en de rest en hield het iedere gast voor. Met één uitzondering: hij knielde met blad en al voor de regent. Hij knielde voor de vorst, de majesteit.

En laten we wel wezen, was dat zo vreemd? Neem de eerste de beste foto van de koningin ergens op werkbezoek, ontvangen door enige goed in het pak zittende heren. Ze knielen natuurlijk niet. Maar wel allemaal dezelfde stompzinnige en zelfs enigszins slaafs aandoende grijns op het gezicht. En ze kunnen het niet helpen. Het zou mij vast en zeker ook zijn overkomen. Ontmoeting met de majesteit.

De Compagnie liet dus het contact met de inheemse bevolking zoveel mogelijk over aan het inheems gezag. En dat was niet eens zo'n onverstandige politiek. I will not deceive you. Rechtstreekse dwang door de uiteindelijke overheerser – de Nederlandse regering – zou de rust kunnen verstoren en daardoor de opbrengst verminderen. Hoe dan ook, bij het toepassen van het Cultuurstelsel werd de gewoonte van onthouding van inmenging in binnenlandse bestuursaangelegenheden voortgezet: ons zo weinig mogelijk bemoeien met de inheemse bevolking, hoog of laag.

Deze manier van doen, dit niet-omgaan met de Indonesische bevolking, heeft gevolgen gehad, die ons, achteraf bezien, met treurigheid moeten vervullen. Wanneer we van meet af de mensen daarginds, met wie we in aanraking kwamen, om zo te zeggen getutoyeerd zouden hebben, dan zouden we in Indië waarschijnlijk heel wat meer vrienden hebben ontmoet en achtergelaten. En misschien heel wat minder geld verdiend, vooral in de negentiende eeuw. Want als we de Indonesische boeren toen wat tegemoetkomender hadden behandeld, dan zouden we het Cultuurstelsel waarschijnlijk niet hebben kunnen toepassen. Er moeten trouwens over dit stelsel nog heel wat misverstanden uit de weg worden geruimd.

De hierboven genoemde generaal Van den Bosch kwam omstreeks 1830 bij koning Willem I. De generaal kende Indië uit vrij langdurige ervaring. In Nederland had hij zich een waar mensenvriend getoond door het oprichten van de Maatschappij van Weldadigheid en ditmaal was hij juist teruggekeerd van een bezoek aan de West. Hij was voor afschaffing van de slavernij, maar hij had, bij uitstek in Suriname, wel geconstateerd, dat de landarbeidende neger onder dwang vele malen meer presteerde dan de Javaanse boer. Maar als die boer nu maar op de goede manier werd aangemoedigd en verlokt, dan zou de opbrengst van zijn vruchtbare eiland heel wat hoger kunnen worden.

De koning luisterde met belangstelling, want hij had een uitmuntend begrip voor dit soort zaken. Voor een goed begrip neem ik hier een citaat uit *Terugblik en uitzicht* (deel II, blz. 140 e.v.) van de Nijmeegse hoogleraar L.J.Rogier: 'Wie Willem I goed wil kennen, heeft Colebrander gezegd – en ik voeg er bij: wil waarderen – moet hem vooral waarnemen als financier. Als minister van financiën of misschien eer nog als bankdirecteur zou hij geen slecht figuur gemaakt hebben. Voor heel de economische problematiek had hij de belangstelling, die typisch was voor alle verlichte despoten, maar, ook afgezien van het anachronisme, is er veel tegen hem een econoom te noemen: zijn nuchter brein herleidde alles te zeer tot rekensommen. Hij dacht in geld...'

Deze financier had bovendien een jaar of zes tevoren in Amsterdam de Nederlandse Handel Maatschappij opgericht en aan die onderneming een monopolie gegeven voor het goederenverkeer van en naar Indië. Dat monopolie had tot dan toe geen fraaie resultaten opgeleverd, maar daar zou wat aan te doen zijn door de invoering van het Cultuurstelsel.

Het feit, dat de koning grootaandeelhouder van de Handelmaatschappij was, heeft natuurlijk invloed gehad op zijn besluit het plan van Van den Bosch onmiddellijk te laten uitvoeren. Maar Willem I was vrijwel de enige voorstander. De mensen in Indië en Nederland, die Java uit ervaring kenden, waren furieus tegen. Hun argumenten kunnen worden samengevat in een enkele zin: van de Javaanse boer wordt een slaaf gemaakt en daarvan komt alleen maar narigheid.

In Nederland liep de minister van koloniën Elout voorop. Hij kende zijn zaken; hij was van 1816 tot 1819 een van de Commissarissen-Generaal geweest en hij had zich daar laten kennen als een voorstander van een agrarische politiek, die volgens hem in het belang van de Javaanse boer zou zijn. En dat belang werd volgens hem niet gediend door het stelsel van Van den Bosch. Toen Willem I zich voor de generaal uitsprak, nam Elout zijn ontslag.

In Indië bestond onder de Nederlandse bestuurders met de Raad van Indië aan het hoofd een verzet, dat alleen maar kon worden gebroken door dictatuur. Het lid van de Raad Mr. P.Merkus werd met zijn collega's praktisch buiten de deur gezet. Van den Bosch kon daarginds alleen regelen en alleen beslissen.

Wat gebeurde? Het stelsel werkte. Mislukkingen hier en daar, bijvoorbeeld in het Cheribonse (tegenwoordig Cirebon), een kustgebied ten oosten van Jakarta. Maar de tegenstanders begonnen hun ongelijk te erkennen. Dezelfde Merkus, die bij de invoering heftig had tegengeparteld, werd in 1840 door Van den Bosch zelf geschikt bevonden voor het ambt van gouverneur-generaal.

De onderneming die Nederlands-Indië heette, begon winst te maken. Het cijfer van het batig slot op de balans werd met het jaar hoger. In Nederland helde de stemming over van onverschilligheid naar tevredenheid en toen weer naar – parlementaire – ontevredenheid, omdat de Kamers de rekeningen niet te zien kregen. Maar daarin kwam verandering. Bij de grondwetsherziening van 1840 werden aan het koloniale artikel twee leden toegevoegd: 'Aan de Staten-Generaal zullen in de aanvang van elke gewone zitting worden medegedeeld de laatst ingekomen staten van ontvangsten en uitgaven van opgemelde volksplantingen en bezittingen. Het gebruik van het batig slot, beschikbaar ten behoeve van het moederland, wordt bij de wet geregeld.'

Iedereen nu tevreden? Blijkbaar wel. In die jaren woonde en werkte in Batavia een dominee, W.R. baron van Hoëvell. Hij was met de beste bedoelingen geïnteresseerd in het wel en wee van allen, die in Indië woonden. In het jaar 1848 kwam hij om zo te zeggen in het nieuws. In Europa was het bijna overal revolutie en strijd tegen de gevestigde machten en Indië bleef niet onberoerd. In Batavia gingen mensen protesteren tegen een enkele jaren tevoren getroffen maatregel. Daarin was voorgeschreven dat Nederlanders, in Indië geboren en aldaar woonachtig bij hun ouders, naar Nederland moesten ingeval zij van plan waren Indisch ambtenaar te worden. Studeren in Delft en dit onderdeel van de polytechnische school aldaar werd dan ook wel het Delftse monopolie genoemd. Voor ouders in Indië een beroerde zaak, want lang niet iedereen had geld om zijn kinderen zo'n dure opleiding overzee te laten volgen. In het revolutiejaar 1848 dus protesten. In Batavia. In de sociëteit De Harmonie. Dominee Van Hoëvell was een van de tolken der vergadering. Dat kwam hem van hogerhand op een berisping te staan en aangezien hij die terecht niet wenste te ontvangen, nam hij zijn ontslag en ging naar Nederland.

Het eerste wat hij daar deed, was het uitgeven van een verslag over een reis, die hij kort voor zijn vertrek had gemaakt: *Reis over Java en Madoera*. Uit dit werk moet ik een citaat laten volgen. I will not deceive you. En Van Hoëvell ook niet:

'De generaal Van den Bosch, den aangeboren aard van onverschilligheid en vadsigheid van den Javaan kennende, of liever den toestand der maatschappij, waarin hij leeft, en die hem grootendeels

van het genot der vruchten van zijn arbeid berooft, doorgrondende, heeft op Java algemeen een stelsel ingevoerd, waardoor de Javaan verpligt is, om op een gedeelte zijner velden produkten voor de Europese markt, koffij, suikerriet, indigo enz. te verbouwen, en deze aan het Gouvernement tegen eene billijke betaling te leveren. Niemand kan dat stelsel, zoo als het daar ligt, meer toejuichen dan ik. Het is gegrond op eene juiste kennis van het karakter der bevolking; het is ten uitvoer gelegd langs den weg, dien hare oorspronkelijke voorvaderlijke instellingen, het gemeenschappelijk grondbezit, als vanzelve aanwezen; het had ten doel om de landbouw uit te breiden, om den Javaan aan arbeidzaamheid te gewennen, vooral door hem voordeel van zijnen arbeid te doen trekken en om aan het moederland rijke vruchten van deze, door onze vaderen veroverde kolonie, te verzekeren. Het denkbeeld van dwang hindert mij in dit stelsel volstrekt niet; want redenering over het nut en betoog van de welvaart, die daardoor de bevolking stond te wachten, zou op haar niet den minsten invloed gehad hebben, en thans is in die residentiën, waar het stelsel behoorlijk werkt, zoo als b.v. in Pasoeroean, volstrekt geen dwang meer noodig. Kinderen kan men niet overtuigen, men dwingt ze tot het goede, en als zij er het voordeel van ondervinden, dan eerst doen zij het vrijwillig.'
Voor we beginnen aan het verbazingwekkende

van dit citaat, eerst een paar details. Het hier gepre-
zen Pasuruan ligt ten zuidoosten van Surabaja, met
een oppervlakte van iets minder dan een kwart van
Nederland. Het is een van de vruchtbaarste streken van Java. Landbouwkundige experimenten
waren daar van succes verzekerd. Tot in onze laatste dagen – en stellig ook nu nog – groeide daar
wat men maar wilde. En in de tijd van het Cultuurstelsel natuurlijk koffie. De oogsten van dit produkt werden steeds groter, ook al door het toe-
ziend oog van de Javaanse en Europese bestuurders. Die kregen namelijk een extra beloning in de
vorm van zogenaamde cultuurprocenten. Pasuruan was dan ook een heel gewilde standplaats.
Toen Douwes Dekker na het schrijven van de Max
Havelaar een ogenblik heeft overwogen zijn boek
niet te publiceren in ruil voor een betrekking in
Indië, heeft hij zijn eisen gesteld (zie ongedateerde
brief aan Tine, mogelijk november 1859: Multatuli, *Volledige Werken* deel X, blz. 122):
'Ik heb nagedacht. Ik hel over naar Rochussen
(minister van koloniën), doch condities.
1. resident op Java. Speciaal Passaroeang om mijne
schulden te betalen.'
Dit is van Douwes Dekker helemaal niet incon-
sequent, laat staan onfatsoenlijk. De man ver-
dronk in de schulden en, wat in dit geval nog be-
langrijker is, hij was een uitgesproken voorstander
van het Cultuurstelsel, mits gezuiverd van gebre-

ken, zoals blijkt uit *Nog eens vrije arbeid* (V.W. deel V, blz. 385).

Waarschijnlijk op dezelfde dag als die van zijn brief aan Tine, schreef hij aan zijn broer Jan (V.W. deel X, blz. 123):

'Uwe vraag omtrent Rochussen brengt mij in groote spanning, vooral na de pleizierige recensie van den Heer *v. L*(ennep). Want nu die recensie mij hoop geeft te slagen als *schrijver*, iets waarin ik zooveel schik hebben zou, valt het mij hard juist nu een geheel anderen weg uittegaan. Had ik geene schulden dan was ik liever schrijver dan raad van Indië, maar zoo als de zaken staan moet ik om den wille van het geld, eene betrekking in Indië vóórtrekken.'

Van Hoëvell en Douwes Dekker waren dus voorstanders van het Cultuurstelsel, mits – dat dient herhaald te worden – gezuiverd van zijn gebreken. En dat kwam neer op een behoorlijke behandeling van de Javaanse boer. Het merkwaardige hierbij was – en dat slaat dan vooral op eerstgenoemde – het beeld, dat hen van die boer voor ogen stond. De dominee spreekt van *lui, vadsig, moet tot werken worden aangespoord*. Multatuli haalt met instemming de Vloekzang van S. Roorda van Eysinga aan: '...het zachtste volk der aarde...'. Maar wel achter zijn vodden zitten, als er moet worden gezaaid en geoogst. En denk er om dat de Europese bestuurders daarginds tot het einde toe dit beeld hebben gekoesterd.

Het is in deze tijd juist vijftig jaar geleden dat wij, de Nederlanders, daarginds als bestuurders zijn verdwenen. Maar tot het laatste toe hebben wij willen en kunnen geloven, dat de Indonesische boer liever lui was dan moe, of, om het wat beleefder, althans wat ethischer te zeggen: hij moest, om aan het werk te gaan, een duwtje hebben. Van ons. Denk niet, dat hier sprake is van overdrijving. Ik heb daar, in mijn eigen tijd, kort voor de Japanse oorlog het bewijs van gezien en ik heb het geloofd. Ik heb er op mijn manier aan meegedaan. Het was in de residentie Madura. Daar was de regentijd begonnen, zoals het hoorde, met avondregens. 's Middags was er door de haute volée, Indonesiërs en Europeanen, nog getennist en 's avonds viel het water met bakken uit de hemel. De boeren in onze buurt aarzelden niet en zetten de bibit, de zaailingen, in de bevloeide grond. En op een van deze dagen kwam het bericht, dat op het eiland Kangean, een honderdtwintig mijl verder naar het oosten, nog geen rijstplantje in de grond was gezet. De boeren daar zaten dus nog op hun luie achterwerk.

Daar moest wat aan worden gedaan. De volgende dag voer het gouvernementsstomertje, de Ruth, de haven van Kalianget uit met nagenoeg het hele verenigde bestuur aan boord. Ook de regent moest mee om indien nodig de wedana, de plaatselijke ambtenaar op Kangean, op zijn donder te geven, omdat die wedana de boeren in zijn district niet op hun donder had gegeven.

's Avonds na zessen, dus in het donker, kwamen we aan in de pasanggrahan, het logement aan de alun-alun, het met tamarindes omzoomde voorplein van de hoofdplaats Ardjasa. Langs de rand stonden de opgetrommelde boeren met fakkels om ons feestelijk bij te lichten. We gingen tevreden op onze veldbedden liggen. De volgende ochtend zou – als het moest – de strafexpeditie beginnen.

De krekels sjirpten, alsof we ons aan de Rivièra bevonden. Chantez, cigalons et cigales. Maar in de voornacht kwam het water met bakken uit de hemel. Toen we na het ontbijt het land inreden, waren de boeren op de geterrasseerde hellingen aan het planten. We hoefden niets meer te zeggen. Boeren in Indonesië, op Java en elders, zijn boeren, zoals we ze in de rest van de wereld tegenkomen. Daar kunnen ze echt mee worden vergeleken. Ook met die in Nederland. Een Westjavaanse landbouwer zou bijvoorbeeld heel goed gezet kunnen worden naast zijn vakgenoot in Brabant: gemakkelijk, goedlachs en kleurig. Midden-Java? Laten we zeggen het oosten van Utrecht, Gelderland en het westen van Overijssel met hun overblijfsels van kasteelherenmacht tegenover onderdanige pachters. In Oost-Java hebben de boerse hoedanigheden van de half Javaanse, half Madurese bevolking iets weg van die bij ons in het Noorden. Natuurlijk, er zijn overal verschillen, maar die van daarginds zijn bezig ten opzichte van elkaar te verminderen, door een proces, dat bij ons al eeuwen aan de gang is. Boeren hier en boeren daar, de maatschappelijke stand zal wel altijd herkenbaar blijven. En daarom is het zo vreemd, dat wij daarginds de Javaanse boer een hele tijd lang als zo'n ander wezen hebben beschouwd.

Werkelijk vreemd? Hierboven is al gewezen op het gebrek aan werkelijk contact tussen de Indonesische bevolking en de van buiten afkomstige Europeanen. Een gebrek, dat niet in de eerste plaats veroorzaakt werd door de situatie van overheerser versus overheerste, maar door het materiële belang, eerst van de VOC en daarna van het koninkrijk, die beide vóór alles rust wilden. Rust om hun onderneming zo goed mogelijk te laten gedijen.

We hebben gezien, dat het Cultuurstelsel daartoe het aangewezen middel leek en ook werd. We zagen ook dat de toepassing weerstand vond bij Indische deskundigen, die het – vooral om technische redenen – verderfelijk vonden. Dat soort weerstand verminderde en dat laat zich raden: de financiële uitkomsten, het jaarlijks batig slot, bewezen het gelijk van de gevoerde politiek. Maar dit saldo verdween in de schatkist, rechtstreeks nog wel, en de particuliere handel, voornamelijk gevestigd in Amsterdam en Rotterdam, kwam er niet of nauwelijks aan te pas. Zelfs niet aan de verscheping van de produkten, want die was nog steeds het monopolie van de Nederlandse Handel Maatschappij.

Er stak iets tegenstrijdigs in, toen de doorbraak van meer liberale beginselen in Nederland de weg opende voor vrije produktie van en vrije handel in Indische agrarische voortbrengselen. Maar die liberale bedrijvigheid kwam wel te staan in een geur van schijnheiligheid. Het Nederlandse parlement nam de plaats in van de Nederlandse koning, als het voortaan ging om het bepalen van het Indisch beleid. De eerste taak van deze nieuwe soort van regering was een bij wet – niet langer bij koninklijk besluit – vastgesteld reglement voor de manier, waarop Indië zou worden bestuurd. In de memorie van toelichting kon men lezen, dat 'behoudens de welvaart der inheemse bevolking, dat wingewest [Indië] aan Nederland zal blijven verschaffen de stoffelijke voordelen, die het doel der verovering waren.'

Dit bedoelden ze in Den Haag: de welvaart van de Indonesiërs was liberaal gedacht en ook gemeend; het behalen van de stoffelijke voordelen, dat was liberaal gehandeld.

De gevolgen van het nieuwe Haagse beleid voor Indië werden al gauw duidelijk. Het kwam neer op wijziging van de agrarische politiek. Een Nederlandse ondernemer kon immers – anders dan de regering – moeilijk tegen de Indonesische boer zeggen: en voortaan planten jullie voor mij. Er moest dus grond worden gevonden, die de boer niet in gebruik had.

En dat gebeurde. Woeste gronden. Eerst op Java, naderhand vooral in het noordoosten van Sumatra werd ontgonnen. En terwijl in Indië de Europees geleide landbouwondernemingen groeiden, nam in Den Haag de kritiek toe op het al ten grave gedragen Cultuurstelsel. Dat was eigenlijk heel wonderlijk.

Een eerlijke verklaring daarvoor is bij mijn weten nooit gegeven. Wel een fatsoenlijke. Die fatsoenlijke verklaring is: we beginnen ons te generen over de gevoerde Indië-politiek en we willen wat goedmaken. We hebben jaren lang het batig slot in onze schatkist gestort en het niet ten goede laten komen aan de bevolking, die het heeft opgebracht.

Een juiste redenering, die alleen nog maar juister wordt, als we bedenken, dat het opgebrachte geld in origine een fiscale heffing was, waarvan de opbrengst in het land zelf had moeten worden gebruikt en niet ter aanzuivering van een tekort in de Nederlandse schatkist. De man, die dat overduidelijk maakte, was C.Th.van Deventer, een Semarangse advocaat, die in een nummer van De Gids van 1899 een stuk publiceerde onder de titel *Een Eereschuld*. Die schuld was het totaalbedrag van de batige saldi, in ruim veertig jaar overgeheveld naar de Nederlandse schatkist.

Van Deventer vond, dat Nederland op zijn beurt verplicht was iets terug te doen. Iets voor de Indonesische bevolking van Indië door de onttrokken miljoenen te besteden aan land en volk, die het hadden opgebracht.

Zoals gezegd een fatsoenlijke verklaring, die in Nederland ook wel indruk maakte. Maar deze verklaring en de propagering van deze ethische politiek, zoals ze al gauw werd genoemd, zouden veel eerlijker geweest zijn en misschien aan duidelijkheid hebben gewonnen, als ze niet gepaard waren gegaan met de overwinning van wat Multatuli heeft genoemd: 'Hoerah voor de particuliere industrie.'

Maar die particuliere industrie – de benaming diende om de tegenstelling tot de praktijk van het Cultuurstelsel te verscherpen – was niet meer, maar vooral ook niet minder dan een tropische agrarische vorm van de fase der industriële revolutie in de jaren na 1850. Een sterk groeiende agrarische produktie onder particuliere leiding, had arbeiders, steeds meer arbeiders nodig. In het gebied, dat in onze tijd de residentie Oostkust van Sumatra heette, waren die allerminst beschikbaar, zodat ze van elders moesten worden geworven. En aangevoerd: Chinezen van de overwal, van Malakka en naderhand steeds meer werkloze landarbeiders van Java.

Het land Deli, waarom het hier voornamelijk gaat, maakte op de een of andere manier een Britse indruk. De Nederlanders, die daar werkten, gedroegen zich anders dan elders in Indië. Ze hadden ook, volgens mij als enigen, onder de Europeanen daarginds, een eigen naam, die ze ontleenden aan de landstreek, waar een deel van hun ondernemingen lag: het sultanaat Deli. Delianen noemden ze zich dus. Ergens anders kwam zoiets niet voor. Maar dat is tot daar aan toe. De Indonesische taal heeft er ook nog het woord kuli (koeli: dagloner) aan overgehouden.

Door de sterk toenemende vraag naar werkkrachten moesten landarbeiders op contract worden geworven. Hebben de ethische politici, die zo over het Cultuurstelsel waren heengevallen, wel beseft, wat onder hun ogen gebeurde? Dat de gang van zaken bepaald niet vrij was van misbruiken? Want aan de onvermijdelijke arbeidscontracten werden strafbepalingen wegens niet-nakoming door de arbeider verbonden. De Poenale Sanctie werd nodig geacht en uit de toepassing daarvan ontstonden nieuwe misbruiken.

Men kan nu twee dingen zeggen: die misbruiken hadden nooit mogen voorkomen, of: de ethische politiek had er sneller een eind aan moeten maken. Het eerste is niet gebeurd en het heeft wel wat lang geduurd, te weten tot omstreeks 1930. Maar het is blijkbaar goed gedaan. Omstreeks die tijd heeft

Albert Thomas, directeur van het Internationaal Arbeidsbureau verklaard, dat hij onder de indruk was van '...l'énorme effort qui a été accompli pour l'hygiène, pour la santé, pour l'éducation, pour les loisirs des travailleurs dans toutes les grandes plantations ou entreprises des Indes néerlandaises.'
(...de geweldige inspanning die verricht is ten behoeve van de hygiëne, de gezondheid, het onderwijs, de ontspanning van de arbeiders op alle grote ondernemingen van Nederlands-Indië.)

Tot nu toe hebben we, afgezien van dat zeer korte bezoek aan Sumatra's oostkust, alleen wat rond-gezworven op Java. Duizenden eilanden zijn op de achtergrond gebleven.

Ze waren heel lang betrekkelijk onbekend of, om het beter of erger te zeggen, onbemind. De naam, gegeven aan al het gebied buiten Java en Madura is kenmerkend: Buitengewesten. Betekende dit, dat ze buiten de koloniale deur stonden? Ja, eigenlijk wel. En om meteen maar de uitzondering te noe-men: de Molukken. De Specerij-eilanden, zoals ze in Europa tot hun ongeluk werden genoemd. Het zijn de eilanden, de archipellen, gelegen tussen Ce-lebes en West Nieuw-Guinea, tegenwoordig Irian Jaya. De Oostindische Compagnie kreeg er na het Javaanse rijk Madjapahit, na de Portugezen, de Spanjaarden en de Engelsen, de boel voor het zeg-gen en – net als de anderen hadden gedaan – zij monopoliseerde de verbouw van en de handel in kruidnagelen en de rest. Zoals we weten, deed ze dat bij voorkeur door hongitochten. Een hongi was naar oud gebruik in de Molukken een zwaar-bewapende prauwenvloot, die opdracht had, wat haar voor de boeg kwam, te roven, te vermoorden en te vernielen. De Compagniesdienaren namen dat gebruik in de 17de eeuw over om het monopolie te beperken tot enkele eilanden en de prijs hoog te houden. Ze hebben daardoor de cultures in de loop van de 18de eeuw vrijwel om zeep geholpen.

Kort na het herstel van het Nederlandse gezag in 1816 bestonden op verschillende eilanden van de Molukken nog steeds monopolies en dwangcultures. Over het optreden hiertegen door de gouverneur-generaal Van der Capellen verwijs ik graag naar R.Nieuwenhuys: *Oost-Indische spiegel* (blz. 83 e.v.).

Nadat sinds 1830 alle Haagse ogen op Java waren gericht, verdween de even gewekte belangstelling voor alles, wat daarbuiten lag. Met Engeland, de voornaamste mededinger naar grondgebied en/of zeggenschap in de archipel waren in 1814 en 1824 verdragen gesloten, die voornamelijk betrekking hadden op het westelijk deel van Indië en daar liet men het voorlopig bij. Maar in 1841 werd tot veler verbazing vernomen, dat James Brooke, een Engelsman uit Benares in India, zich in het noordelijk deel van het eiland Borneo (tegenwoordig Kalimantan) had gevestigd. Een plaatselijke opstand had hem de kans gegeven zich te laten uitroepen tot radjah van Brunei onder het leenheerschap van de sultan van Serawak. In Den Haag zijn ze toen een beetje geschrokken en het gevolg was een opdracht vanwege de minister van koloniën aan de gouverneur-generaal tot het maken van een nauwkeurige lijst 'van alle eilanden en plaatsen zonder onderscheid, die geacht konden worden middellijk of onmiddellijk onder ons oppergezag of onder onzen staatkundigen invloed te staan'. In Buitenzorg werd men tevens aangemoedigd over te gaan tot het sluiten van overeenkomsten met Indische vorsten, wier rijken niet in die opgave vielen, en het aanstellen van inheemse hoofden, aan wie Nederlandse vlaggen en stokken met het Nederlandse wapen moesten worden uitgereikt.

Degenen, die dit een beetje ridicuul vinden, hebben het mis. Als er dan toch een eilandenrijk naast en boven Java lag, dan was dit een uitstekende en vooral rustige manier om daar een beetje eenheid en regelmaat in te brengen. En vooral: geen opstanden van wie tegen wie dan ook.

In de Regeringsalmanak voor Nederlands-Indië (1939), een uitgave die kan worden vergeleken met onze Staatsalmanak, worden niet minder dan tweehonderdvierenzeventig Hoofden van Zelfbesturende Landschappen genoemd. En dat zijn dan de voornaamsten. Lang niet elke vorst heeft er zijn plaats gevonden. Voor dit ontbreken zullen vast en zeker een heleboel redenen hebben bestaan. Misschien bestonden sommige bestuurders helemaal niet.

Op die gedachte ben ik zelf eens gekomen, toen ik een bezoek moest brengen aan de vorst van Groot-Salambu, een eiland, dat totaal verloren ligt in de

Javazee, ergens tussen Madura en Borneo. Een eiland als duizend anderen. Palmen, geelwit strand en onzichtbaar koraalrif. De reis naar het vorstendom moest – uiteraard – per schip worden afgelegd en de dienaren van het gouvernement kregen daarvoor een gouvernementsschip ter beschikking. Die waren hier wat groot, daar wat kleiner en in mijn ressort allerkleinst. Maar wel allemaal gebouwd alsof ze een mailboot waren. Ook allemaal van boven tot onder witgeschilderd. Ze heetten dan ook – dat zal niemand verwonderen – wit schip, in de landstaal kapal poetih.

Mijn kapal was ten opzichte van zijn geringe kiel veel te hoog gebouwd. Ze hadden het blijkbaar op een miniatuur-oceaanstomer willen laten lijken en dat is ze dan gelukt, met alle rampzalige gevolgen voor haar ligging. Iedere passagier was altijd blij, wanneer ze voor een rustige rede ging liggen. Hier, voor Groot Salambu dus ook. Ik stond op de brug naast de gezagvoerder, een Arabier met een gezicht alsof zijn vader nog zeerover was geweest. Maar hij kon zijn kaarten lezen en hij deed het met passer en kompas, ook nog toen het anker al ratelend in zee was gevallen.

Aan de wal hadden ze dat blijkbaar niet gehoord. Het eiland lag er, zoals zo'n eiland dat behoort te doen: stil. Rechts lagen een paar prauwen op het strand getrokken; links een berg afval, basten van klappernoten, waar ze het vruchtvlees, de kopra,

hadden uitgehaald. Kopra was daar het voornaamste exportartikel. Pas later heb ik gehoord, dat die
hele handel van het begin op zo'n eiland tot en met
de slaolie in de fles werd gedreven door een firma
in Amsterdam, die kantoor hield op de bovenver-
dieping van het Centraal Station.

We hadden een grote koperen bel aan boord en ik
stelde de kapitein voor ze daarginds wakker te bel-
len. Hij schudde van nee en wees. Een paar stippen
waren op het strand verschenen. Ze droegen iets,
waarmee ze de zee inliepen. Ze hadden daarginds
begrepen dat ik bezoek was en dat ze me moesten
komen halen. Met behulp van een heel kleine sloep
die ze voor zich uitduwden.

Wisten ze wie het bezoek was? Ja en nee. Ze kenden het schip aan de bouw en de kleur en ze wisten
dus, dat het een ambtenaar moest zijn. Gezien de
geringheid van hun eiland waarschijnlijk een assis-
tent-wedana. Zeker geen Europees ambtenaar, al
was het er een van de laagste rang. Toen ik eenmaal
aan land was gekomen, hoorde ik, dat een van mijn
voorgangers hier lang, zeer lang geleden was geweest. Dat kon overigens van alles betekenen.
Maar ik was nog niet aan land.

De mannen van het eiland hadden de sloep
blijkbaar in wat dieper water geduwd, want ze
klommen er de een na de ander in en pagaaiden
naar ons toe. Ze kwamen langszij. Ik liet me langs
ons relinkje in hun bootje zakken en ging in de

boeg zitten, met mijn rug naar het eiland en het gezicht op mijn afhalers. Ik zag dat ze een grote rotan stoel hadden meegebracht en ik begreep waarom ze met hun vieren waren gekomen. Zodra het scheepje in het zand begon te schuren, werd ik uitgenodigd in de stoel te gaan zitten. Twee man droegen me droog aan land en twee duwden de sloep achter ons aan.

Op het strand stonden wat mannen. Een kwam naar me toe en gaf me een hand. Dat gebruik hebben ze blijkbaar van ons overgenomen, maar dan met een variatie: één hand van ons, ontvangen door beide van hen. Overigens was deze gastheer niet de vorst van het eiland, maar het dorpshoofd. Hij nam me mee naar zijn huis om me daar koffie te geven en vooral om me het ingelijste portret van de vorst te laten bekijken. Ik vroeg of ik de vorst ook in persoon te zien zou krijgen, maar hij zei geen ja en geen nee. Hij zei iets tegen zijn schrijver in een taal die ik niet verstond – het zal wel Boeginees zijn geweest – en ik volgde de weg van de minste weerstand. Ik begon over iets anders.

Ze namen me daarna mee naar het westelijk deel van hun eiland en ze wezen me het enige uitzicht dat ze hadden: een ander eiland. Toen ik vroeg of de vorst soms daar woonde, begonnen ze nog al vrolijk te lachen. Ze zeiden: nee, nee, dat is Klein-Salambu.

Mijn chef lachte ook, toen ik hem naderhand verslag uitbracht. Hij zei, dat de vorst ergens in het zuiden van Celebes (Sulawesi) woonde. Hij had zijn broer tot stadhouder benoemd, maar die broer geloofde het wel. En wij, het Nederlands bestuur, blijkbaar ook.

Zelfbesturende landschappen, groot, middel en klein, lagen over de hele archipel verspreid en maakten meer dan de helft van het grondgebied der Buitengewesten uit. Wat hield dat zelfbestuur precies in?

Met de zelfbesturen werden contracten gesloten, korte verklaringen die door de Leidse hoogleraar Snouck Hurgronje rond de eeuwwisseling zijn opgesteld: erkenning van het oppergezag van de koning(in) van Nederland. Hij/zij werd weliswaar in de meeste contracten soeverein genoemd, maar dat had eigenlijk suzerein moeten zijn. De zelfbestuurder erkende verder, dat zijn landschap deel uitmaakte van Nederlands-Indië. Hij mocht geen verdragen sluiten met buitenlandse mogendheden en hij moest de aanwijzingen van het Indische gouvernement opvolgen. Als recht gold binnen zijn landschap het gewoonterecht, adatrecht.

Achteraf gezien heeft van genoemde verplichtingen de erkenning van tot Indië te behoren, de langste adem gehad. Ze heeft er onder andere toe geleid, dat dit hele Indië naderhand Indonesië is geworden. Van het meest westelijke tot het meest oostelijke punt, zoals president Sukarno het heeft uitgeroepen tijdens zijn talrijke redevoeringen en zoals wij het al vroeger deden aan de bridgetafel, wanneer wij het bod van de tegenstander een afstraffing waard vonden: Ik dubbel, van Sabang tot Merauke!

Het denkbeeld dat het de hele archipel moest zijn, heeft ongetwijfeld aantrekkingskracht gehad op de Indische regering en de regering in Den Haag heeft haar daarin gevolgd en is soms zelfs voorgegaan. Zoals we zagen was de bovenste helft van Borneo haar door een Brit ontfutseld, maar de rest van alle andere eilanden wilde ze liefst voor zichzelf bewaren. Ze hadden daar mogelijk – maar daarvan bestaat geen bewijs – het Javaanse rijk van Madjapahit voor ogen, dat vrijwel heel het tegenwoordige Indonesië besloeg en waartoe dus ook Sumatra behoorde.

Hierboven is al gezegd, hoe we na de Napoleontische oorlogen Indië hebben teruggekregen van Engeland. Maar wat was Indië? Zelfs nadat ze in opdracht van minister Baud een lijst der bezittingen hadden gemaakt, wist niemand een enigszins nauwkeurig antwoord te geven. En dat is een hele tijd zo gebleven.

Natuurlijk veroorzaakte dat moeilijkheden, voornamelijk met Europese mogendheden, die koloniaal wilden blijven of worden. Met Engeland lagen de problemen vooral op Sumatra. Dit eiland

lag precies evenwijdig aan het toen Britse Malakka, gescheiden door een smalle zeestraat. In Lon-
den wilden ze aan Nederland daar niet de vrije
hand laten en wat ze zelf wilden, ja, dat wisten ze
niet. Het gevolg was een reeks traktaten, culmine-
rende in het verdrag van 1871. Nederland mocht
op Sumatra zijn gang gaan. Vrijwel onmiddellijk
daarna ontstond de Atjeh-oorlog.

Over die oorlog is een heleboel schande gesproken. Nu, een kleine eeuw later, zou men kunnen
denken aan een verschijnsel als Islamitisch funda-
mentalisme, dat in de oorzaken van die oorlog ook
een rol heeft gespeeld. Het schijnt, dat de Indonesische regering, die op het stuk van religie nogal
verdraagzaam is, ook moeite heeft met het huidige
Atjeh. Het zij zo. Maar één van de motieven tot het
Nederlandse besluit de oorlog aan het koninkrijk
in het noorden van Sumatra te verklaren, was nogal hebberig: ze hadden de vrije hand gekregen in
heel Sumatra en dat zouden ze waarmaken. Heel
Sumatra moesten ze hebben en, als het kon, de hele
archipel.

Dat lukte niet helemaal. Het eiland Timor behoorde voor de helft aan Portugal. En daar, in die Portugese helft, was het een bende en de Nederlandse
regering heeft na ontvangst van de staat van haar
bezittingen aan de Portugese regering gevraagd of
ze voor geld en goede woorden haar deel van
Timor niet wilde afstaan. Lissabon kwam met een

weigering, gegrond op 'nationale trots, gepaard aan eerbied voor historische herinneringen'. Daar hebben ze het in Den Haag maar bij gelaten.

Andere grensregelingen zijn niet getroffen. Niet met Amerika over de Philippijnen, noch met Duitsland over het deel van Nieuw-Guinea, dat tot het zelfbesturend landschap Tidore behoorde.

Tot zover de Buitengewesten, het belangrijke, maar minder bekende deel van Insulinde. En nu een belangrijk deel van de inwoners: de Europeanen, die zo lang de overheersers zijn geweest.

We gaan terug naar het begin. Naar de Nederlander, de Europeaan, die voor het eerst in Indië komt. Wat vindt hij daar? Twee jaargetijden. Het zijn er maar twee, maar dat is geen gemis. Eerder een symbool, het zinnebeeld van een eenvoudiger, een minder ingewikkeld leven. En als hij dat niet beseft, dan wordt hem dat wel duidelijk gemaakt door de man, die hem aan de kade staat op te wachten: zijn afhaler.

Ik heb het nu niet over mijn eigen eerste aankomst, want dat was een familiekwestie. Ik bedoel hier iemand, die voor het allereerst en helemaal alleen of met zijn pasgetrouwde vrouw – dus samen helemaal alleen – aan het eind van een drieweekse reis met een paar honderd mensen (die je vooraf niet kende en die na afloop zo gauw mogelijk uit je hoofd verdwijnen, binnen een beperkte hut-, dek- en salonruimte, die je alleen maar kunt verlaten door overboord te springen) wordt afgehaald. Door een ander iemand, die hem komt verwelkomen, want de mensen die hij daar vindt zijn over het algemeen nogal hartelijk, maar die hem vooral komt zeggen, waar hij moet gaan werken of om het iets officiëler te zeggen – want daar hielden ze wel van – wat en waar zijn standplaats zou zijn.

Zijn onmiddellijke toekomst werd bepaald door zijn standplaats en zijn werk. Zijn standplaats betekende omgang met het heersende klimaat, dat al naar hoogte en afstand van zee beter of slechter werd genoemd; omgang met de samenleving, waartoe hij ging behoren en met het werk, dat hij daar moest doen.

De uitgekomen Europeaan was verzekerd van werk. Hij had een betrekking. Op een paar uitzonderingen na – mensen uit Nederland, die hun uitgezwermde familieleden gingen bezoeken – kwam iedere man of vrouw daarginds binnen met een aanstelling op zak. Werkeloze Europeanen waren uit den boze. Het kwam, vooral na het langzaam doordringen van de crisis van 1929, beangstigend veel voor, dat particuliere maatschappijen personeel uit Nederland moesten ontslaan. De mensen kregen dan meteen een retourpassage en ze werden, waarschijnlijk voor alle zekerheid, op de boot gezet door eenzelfde soort iemand, die hen in een vroeger stadium als afhaler de welkomsthand had geschud. Dit soort scènes speelde zich af binnen het zakenleven in het midden van de jaren dertig. Bij de ambtenaren vielen geen crisisontslagen. Het gouvernement stopte gewoon met het aannemen van nieuw personeel. Anderen, die Indië wensten te bezoeken, moesten op de een of andere manier aantonen, dat ze daar niet armlastig zouden worden.

Zij die aan het werk konden blijven, het overgrote deel der Europese bevolking, werkten hard. Van 's ochtends vroeg tot vroeg in de middag, zo'n zeven uur achter elkaar. In de paar grote steden volgde men in het kantoorleven meer het Europese patroon en op de ondernemingen ging het weer anders, al naar het produkt en de ligging, de hoogte vooral. Ambtenaren op tournee maakten weer andere tijden. Het was, kortom, een bijenkorf die laat in de middag tot rust kwam op de voorgalerij. Bij het noemen van dit woord heb ik vaak de vraag verwacht, maar zelden te horen gekregen: was er ook een achtergalerij? Ja, tenminste bij elk echt, naar het oude patroon gebouwde en daarom erg mooi, Indisch huis. En die achtergalerij was, met de meeste bijgebouwen, het territorium van, zoals ze tot het einde toe zijn genoemd, de huisbedienden.

In aantal waren het zoveel als je hebben wilde en het huishoudbudget toestond. Bepaald nodig waren een hoofd van de staf, een soort butler dus, de djongos, de kokkin, die kokki moest worden genoemd en de man voor het onderhoud van de tuin en voor de losse karweitjes, de kebon. Ze brachten bijna allemaal familie mee en die bleven altijd eten en niet zelden logeren, want gastvrijheid was een Indische deugd, die de grens tussen Indonesiërs en Europeanen aan beide kanten onbelemmerd overschreed. Bij mijn eigen aankomst moest ik mij melden bij mijn chef en diens vrouw en die zeiden dat ik maar moest blijven logeren en dat heeft toen een maand of twee geduurd.

Over de eigenschappen van de bedienden in dienst bij Europeanen zijn nogal wat verhalen verteld. Over hun trouw en offerbereidheid en over hun onpeilbare Oosterse ziel. Wat over het eerste werd verteld, wil ik best geloven, over het tweede iets minder en over het derde, de ziel met zijn omhulsel, vrijwel niets. Wat dit laatste betreft kan ik mij beroepen op een van de beste autoriteiten, de toenmalige gouverneur van de provincie Oost-Java, Van der Plas. Toen hij me, bij mijn aankomst, naar Madura dirigeerde, heeft hij uitdrukkelijk gezegd: gelooft u alsjeblieft niet, dat u onder de bevolking, van welke laag ook, mensen zult aantreffen die alles verbergen achter een raadselachtige glimlach. Het zijn de grootste kletskousen, die ik van mijn leven heb ontmoet.

Het is waar. En met de eerbied viel het ook nogal mee. Zeker wat de bedienden aangaat. Het gebeurde meer dan eens, dat ik na een gesprek met een van hen even later in de achtergalerij een schaterend gelach hoorde opklinken en ik kon niet anders denken dan: dat slaat op mij. En mijn mede-Nederlanders hebben mij verteld over een soortgelijke ervaring. Ach, het waren gewoon aardige en gemakkelijk levende mensen die in de eerste week van elke maand een voorschot vroegen op het loon van de volgende. En heel behoorlijk geïnteresseerd in het wel en wee van de wereld. Ik ben een keer met stomheid geslagen, toen mijn huisjongen, een man van tegen de veertig, mij een vraag stelde, die ik allerminst had verwacht: Tuan, kenapa itu perkara Bohemen/Moravië? Dat was toen het gedonder met die twee vazalstaten in Tsjecho-Slowakije. Ik heb er de grootste moeite mee gehad. Of met mijn chauffeur, toen ik hem na het verschijnen van de Japanners mijn auto cadeau deed. Een Ford, model T, die ik toch zou zijn kwijtgeraakt. Hij gaf me bij die gelegenheid een soort tegengeschenk in de vorm van een verrassing. Hij zei in redelijk goed Nederlands: ik heb U altijd kunnen verstaan.

Voor de rest was het verkeer tussen de Europeanen en de eigenlijke bevolking, dat wil zeggen de boeren, vissers en handelaren, miniem. Dat gold bijna volledig voor de paar grote steden, maar niet volledig voor de plaatsen in de provincie, waarvan de Europeanen niet de kern uitmaakten, maar een deel van de kern. Het leven daar kan misschien het

beste worden vergeleken met dat van een Nederlandse provinciestad omstreeks 1900. Dat wil dus
zeggen: notabelen van hoog tot minder hoog en
voor het merendeel van ambtelijke status. Geen
enkel onderscheid van ras – wat men overigens
toen niet zo noemde. Iemand, die dat zou hebben
gedaan, zou op zijn minst op volslagen onbegrip
hebben kunnen rekenen. Een gemiddelde samen-
stelling: de regent en de patih, (zijn plaatsvervanger) Indonesiërs; de assistent-resident en zijn aspi-
rant, Europeanen; de kantonrechter en de dokter,
Indonesiërs; de militaire commandant en zijn lui-
tenant, Europeanen. Ik noem ze op naar hun af-
komst, maar de gemelde verschillen zijn pas later,
na terugkomst in Nederland, tot me doorgedron-
gen en ik was – daarvan ben ik overtuigd – niet de
enige. En nu ik er toch over nadenk: de Albert
Heijn was een Chinees.
De politiek speelde in een dergelijke omgeving
helemaal geen rol. In een stad als Batavia mogelijk
wel, maar in de provincie niet. En dat was ook een
logische ontwikkeling van ons beleid: zij geen po-
litieke rechten, dan wij ook niet. Logisch en onver-
standig, maar onvermijdelijk in een gebied, dat
men een kolonie noemt. We wisten natuurlijk, dat
een aantal Indonesiërs zich openlijk aan die gang
van zaken had onttrokken. Zij noemden hun be-
weging een partij, de Partai Nasional Indonesia.
Bij ons, het Bestuur, moesten ze wel toestemming

vragen voor het houden van een vergadering. Die kregen ze, zonder meer. Er werd wel een agent, of misschien wel een brigadier van de veldpolitie heengestuurd (een Indonesiër) om te horen of er geen gezagsondermijnende redevoeringen werden gehouden. Van hem kregen we dan een geschreven proces-verbaal, waarvan mijn chef vond, dat ik het moest lezen en vice versa en daarbij hadden we ons altijd wel bevonden. Van mijn collega's heb ik nooit andere ervaringen vernomen. Mogelijk was het in Batavia en omstreken wat anders en dat zou dan kunnen zijn veroorzaakt door de Buitenzorgse aanwezigheid van de gouverneur-generaal. Wie dicht bij het vuur zit, warmt zich soms bovenmate.

Daarginds, in West-Java, waren – maar dat heb ik pas veel later in Europa gehoord – veel NSB-ers, die na mei '40 moesten worden gearresteerd. Die aanwijzing kregen wij ook. We bleken er één te hebben, een jongeman, die veel meer Indonesiërs dan Europeanen onder zijn voorouders telde. We vroegen hem naar het waarom en ik hoor het hem nog zeggen: ik wilde iets aan mijn algemene ontwikkeling doen. We hebben hem maar laten gaan, wat we beter niet hadden kunnen doen, want de arme bliksem is een paar jaar later door de Japanse politie vermoord.

Katholieken in Indië waren, geloof ik, in staat en bereid zich te verenigen in iets dat op een partij leek, maar bij ons gebeurde dat niet, want de pastoor had wel wat anders te doen, namelijk het bekeren en onderwijzen van Chinezen. Een dominee waren we niet rijk.

Na het werk hielden we 's middags rust behalve als de omstandigheden ons bevalen iets anders te doen. Maar in het normale werd in het laatste daglichtuur, dus van vijf tot zes op de voorgalerij gezeten. Wat zagen we daar? Heel vaak de alun-alun, het grote, vierkante veld, met bomen rondom en bijzonder weinig verkeer. Tamelijk natuurlijk, want iedereen zat op zijn eigen voorgalerij. Theedrinken, een bittertje, eten. Meestal geen rijsttafel, maar iets dat op een Hollandse maaltijd leek. En in mijn ervaring van niet zo'n goede kwaliteit. Mijn dokter heeft het mij op een gegeven ogenblik verboden en mij rijst voorgeschreven. Rijst 's ochtends, 's middags en 's avonds en dat is me goed bekomen.

Bezoeken door de week werden niet aangemoedigd, maar op die betrekkelijk strikt in acht genomen gewoonte bestond een plechtige uitzondering: het officiële bezoek. Ben je al op officieel bezoek geweest bij die en die, was de vraag die soms werd gesteld door een medelevende chef aan zijn onderhorige. Hij wilde namelijk niet dat zijn onderhorige voor de rest van zijn leven op zijn standplaats ongelukkig zou zijn.

Het officiële bezoek moest door ieder aankomend

lid van het samenlevinkje worden gebracht aan degenen, die iets hoger in rang of iets meer in aanzien of wat dan ook waren. Het moest minstens vijf kwartier duren, maar als men elkander beviel, mocht het langer. Als je het niet deed, vergat of, erger nog, niet nodig vond, dan kreeg je het ingepeperd. Ach, zo vreselijk was het ook weer niet, maar je kreeg het wel te horen. Er volgden tegenbezoeken en daarmee was de zaak bekeken, want voor de rest zag men elkaar wel, maar dan zaterdagavond op de sociëteit. Elk dorp met meer dan tien notabelen bezat een gebouw, bijna altijd slecht in de verf en met wankel meubilair, dat Concordia, Ons genoegen, of iets anders heette. De zaterdagavond was bijna verplicht en als er een zwembad aan was verbonden, dan kwam men op zondagochtend ook, maar dat hoefde niet.

In bepaalde streken werd de sociëteit ook wel eens gebruikt voor vergaderingen, maar alleen als het om zuiver Europese zaken ging. Het pendant aan de Indonesische zijde was de pendopo van de regent, ook een soort voorgalerij, maar dan ongelooflijk veel groter en vooral mooier dan die van een Indisch huis, ofschoon die er toch ook mochten zijn. Maar in de pendopo werd alleen maar vergaderd of bijeengekomen door Indonesische ambtenaren, met een enkele Europeaan, die wellevendheidshalve werd uitgenodigd.

Of die zichzelf uitnodigde, wat wel eens moest.

De gouverneur van Oost-Java bijvoorbeeld, niet meer de heer Van der Plas, maar zijn opvolger, maakte in zijn ambtenaarlijke kwaliteit een reis door zijn ressort en kwam daarbij ook in het regentschap Sumenep op Oost-Madura. Hij kwam tegen elven en hij werd ontvangen door de regent, die, waarschijnlijk om het gesprek goed op gang te kunnen houden, mijn chef en mij had verzocht aanwezig te zijn. Ook zijn patih, zijn plaatsvervanger. Die was vooral nodig om hem, de regent, een soort islamitische absolutie te geven voor het gebruik van alcohol. De regent mocht dat niet drinken, maar het was tegelijkertijd hoogst onbeleefd om de gouverneur tegen half één een borreltje aan te bieden en zelf niet mee te drinken. Vandaar de door de patih gegeven vergunning.

De regent leegde zijn glas en – wat hij beter niet had kunnen doen – hij leegde er nog een. De gouverneur vertrok een tijdje later. De regent boog hem de pendopo uit en ging op een stoel zitten, met wat weggedraaide ogen en zijn vrouw, die het zag, begon te lachen en riep: Pappie is dronken. Ik heb zelden zulke aardige mensen ontmoet.

Terug naar de sociëteit, die vooral in de Buitengewesten nog wel eens werd gebruikt voor bestuursvergaderingen, waarbij meer dan een normaal aantal ambtenaren aanwezig moest zijn. Ik heb het hierna volgende korte verhaal te danken aan mijn collega Friedericy, een van de grootste vertellers, ooit door Indië opgeleverd en dat wil wel iets zeggen, want ze konden er wat van, daarginds.

Behalve dat was Indië ook nog een gebied, van groot belang voor ontdekkingsreizigers en wetenschappelijke onderzoekers. Of hertog Adolf tot de eerste of tot de tweede groep heeft behoord, ik zou het niet durven zeggen, maar deze hertog van Mecklenburg, een iets oudere broer van onze prins Hendrik, reisde de wereld af om die beter te leren kennen en hij kwam op zijn tochten ook in Indië; zijn belangstelling ging onder meer uit naar het eiland, dat toen nog Celebes heette.

Het was in het begin van de jaren twintig en hij maakte zijn tocht uiteraard per schip. Dat was voor het ressort, waarin Friedericy diende, geen moeilijkheid. Ze hadden daar een redelijke rede. De moeilijkheid was: wat moesten ze hertog Adolf laten zien? Ze hadden iets, beroemd en merkwaardig, een waterval, misschien wel de mooiste van de archipel.

Dat was dus geen punt. Het punt was, dat ze maar twee jaargetijden hadden. En hertog Adolf kwam in de droge moesson. Wel een waterval, maar hij was er niet. De betrokken ambtenaren van het Binnenlands Bestuur hebben toen een ochtend lang vergaderd in de sociëteit. Toen ze waren uitgepraat, hadden ze een besluit genomen. Ze zouden hun gast naar de waterval brengen en hem de waterval uitleggen.

Ze hebben het gedaan. Ze hebben het zo goed gedaan, dat hertog Adolf na de beëindiging van hun explicatie heeft gezegd: Ich kann mir ja vorstellen, dass es schön gewesen wäre, wenn es überhaupt Wasser gegeben hätte.

Het is weg. We hebben er geen enkel jaargetijde uit overgehouden. We hebben hen niet meer. Zij hebben ons niet meer. Wij hebben het niet meer. Het land.

Ik ben nooit teruggegaan naar wat weg is, ook niet toen het na jaren weer normaal bereikbaar was. Ik zal wel gedacht hebben me daar niet meer thuis te voelen. Een misplaatste gedachte. Ik heb wel van collega's, die als oud-bestuursambtenaren een groepsreis hadden gemaakt gehoord dat zij allerhartelijkst zijn ontvangen. Ik moet hier meteen aan toevoegen: en waarom niet? Elk bestuur heeft de neiging met de tijd wat geciviliseerder te worden en waarom zij en wij niet?

De Indonesiërs hadden in hun onderling verschillende volksdelen van tijd tot tijd en van plaats tot plaats een stapje op ons voor, zoals wij, tijd en plaats bezien, soms iets besluitvaardiger waren. En misschien is ook dat niet helemaal waar.

Zeker niet wat mezelf betreft, want door uitstellen, uitstellen, uitstellen van de beslissing daar toch eens heen te gaan, is het er niet meer van gekomen.

Maar je hebt dan toch die herinnering, waar iedereen het altijd over heeft? Ja, die is er. Niet eens die aan het land. Niet eens die aan de jaargetijden. Wel aan de wonderlijke mensen, daarginds ontmoet. En die ik gelukkig nog in mijn verbeelding zie. En dan denk ik aan de woorden van de patih van Sumenep. Als hij iets wilde vertellen, dat hij toch wel de moeite waard vond, begon hij: Ach meneer, het is natuurlijk allemaal onzin, maar...

COLOFON

Twee jaargetijden minder van A. Alberts werd in opdracht van uitgeverij G.A.van Oorschot te Amsterdam gezet uit de Garamond en vervaardigd door de Koninklijke drukkerij G.J.Thieme bv te Nijmegen. De afbeelding op het omslag (foto David van Dijk) is een leren schimfiguur (wayang kulit), een hooggeplaatste dienaar van de V.O.C., te zien op de tentoonstelling Wayang Revolusi, Museum voor Volkenkunde Rotterdam, tot begin 1993. Het omslagontwerp is van Alje Olthof.

CIP-gegevens Koninklijke Bibliotheek, Den Haag

Alberts, A.
Twee jaargetijden minder/A.Alberts
Amsterdam: CPNB
Uitg. van de Stichting Collectieve Propaganda van het Nederlandse Boek ter gelegenheid van de Boekenweek 1992

ISBN 90-70066-95-5/NUGI 320